Larissa Rüsing

Fast Fashion und Slow Fashion

Inhaltsverzeichnis

Fast Fashion 5

Die Deutschen und Mode – über Konsum,
Statussymbole und Selbstausdruck 7

Der Preis für die billige Kleidung 11

Produktionssteigerung mit steigenden
sozialen und umweltbezogenen Problemen 15

Slow Fashion – ein modischer Wandel 19

Die Deutschen und Nachhaltigkeit –
über Konsum, Transparenz und ein Lebensgefühl 23

Der Beginn eines industriellen
und somit gesellschaftlichen Umdenkens 29

Quellen 31

Fast Fashion

Die Modeindustrie hat ursprünglich zwei Kollektionen pro Jahr herausgebracht. Im Laufe der Zeit hat sich die Modeindustrie zu einer sogenannten Fast-Fashion-Industrie mit bis zu zwanzig Kollektionen pro Jahr entwickelt. Aufgrund der ständigen Verfügbarkeit und niedrigen Preise kaufen die Deutschen bis zu 18 kg neue Kleidung jährlich. Dies hat zur Folge, dass ökologische und soziale Standards bei der Kleidungsherstellung gering sind. Die Ausbeutung der Natur sowie der Menschen, vor allem im globalen Süden, geschieht zugunsten von Konsumenten im globalen Norden. Die in den Fabriken arbeitenden Menschen verdienen Mindestlöhne, mit denen sie sich und ihre

zakir hossain chowdhury / Alamy Stock Foto 2C13NFA

Bangladeschische Weber im Dorf Rupganj Thana am Stadtrand von Dhaka.

Familien nicht ausreichend versorgen können. Armut, Kinder- und Zwangsarbeit sind die Folge. Die Vergiftung der umliegenden Gewässer, Böden, Pflanzen, Tiere und der dort arbeitenden Menschen durch den hohen Chemieeinsatz auf den Baumwollfeldern sowie in den Fabriken sind weitere Auswirkungen. Jedes Kleidungsstück, das gekauft wird, hinterlässt einen ökologischen Fußabdruck auf der Erde. Dieser fasst alle Auswirkungen auf die Umwelt zusammen und kann je nach Art und Weise der Produktion unterschiedlich ausfallen. Der ökologische Fußabdruck der Kleidung ist wesentlich von dem Transportweg und der dabei anfallenden Menge an CO_2 abhängig. Dementsprechend haben Kleidungsstücke aus China einen längeren Transportweg nach Deutschland als Kleidung aus der Türkei oder Nordafrika, die innerhalb weniger Tage mit dem LKW transportiert werden können. Neben der Art und Weise des Rohstoffanbaus spielt also auch der Herstellungsort eine entscheidende Rolle.

Da die Produktion an vielen verschiedenen Standorten stattfindet und in verschiedene Produktionsschritte gegliedert ist, ist sie für den Konsumenten meist nicht transparent. Eine Transparenz der Herstellung sowie der damit verbundenen Auswirkungen ist für eine sozial- und umweltfreundliche Kaufentscheidung aber notwendig.

Die Deutschen und Mode – über Konsum, Statussymbole und Selbstausdruck

»Fast Fashion [...] bezeichnet das rasche, preisgetriebene Angebot stark trendbezogener Kleidung, deren Qualität und Preis im niedrigen Segment anzuordnen ist [...]. Sie steht für ein schnelles Imitieren von Laufstegmodellen und Modetrends, in kostengünstigen Kopien, wie auch für eine hohe Anzahl an Kollektionen und Auslieferungsterminen der Marken« (Somarathna, R.A. und Hemachandra, L., Mitarbeiterinnen der Organisation Shramabhiani Kendraya, 2019). 2023 liegt in Deutschland der Jahresumsatz bei 19,8 Milliarden Euro, weltweit bei 1,6 Billionen Euro. Rund 5 Prozent der Konsumausgaben werden in Deutschland in Kleidung investiert. Das bedeutet jährlich 4,8 Milliarden neue Kleidungsstücke in den deutschen Kleiderschränken, also umgerechnet 60 neue Kleidungsstücke für jeden Konsumenten. Laut einer Greenpeace-Umfrage besitzt jeder Bürger im Durchschnitt 95 Kleidungsstücke (ohne Unterwäsche und Socken). Das entspricht etwa 5,2 Milliarden Kleidungsstücken in Deutschland. Ein Drittel der Deutschen hat 100 bis über 300 Teile im Schrank. Insgesamt wird die Kleidermenge im Schrank von den Faktoren des Geschlechts, Einkommens sowie der Bildung und Herkunft beeinflusst. Je höher das Bildungsniveau und Einkommen einer Person ist, desto mehr Kleidung besitzt sie tendenziell.

Hayden Noel, klinischer Professor für Betriebswirtschaftslehre und Moderator für Diversität, Gerechtigkeit und Inklusion, erklärt das Konsumverhalten der Deutschen mit externen Einflüssen auf die Konsumenten und internen Prozessen sowie dem Prozess nach der Entscheidung. Die externen Einflüsse sind alle Faktoren, welche auf den Konsumenten einströmen, während er sich entscheidet, mit welchem Produkt er sein Bedürfnis/

Westend61 GmbH / Alamy Stock Foto 2CCKKP0

Wer die Wahl hat...

seinen Wunsch befriedigen kann. Eines der externen Einflüsse ist der kulturelle Hintergrund des Konsumenten. Die Kultur ist ein gemeinsam erlerntes System, welches bestimmte Verhaltensweisen und Normen zur Folge hat. Eine wichtige Rolle spielen hierbei die Religion, ethnische Zugehörigkeit, Bezugsgruppen, soziale Klasse sowie das Alter und Geschlecht des Konsumenten. Besonders die Blogger der sozialen Netzwerke, wie z. B. Instagram und Facebook, präsentieren sich regelmäßig mit den neusten Trends und schnell wechselnden Kollektionen der großen Fast-Fashion-Modefirmen. Sie arbeiten in engen Kooperationen mit den Unternehmen zusammen. In diesem Fall werden die Modeblogger der sozialen Netzwerke als »stylische Trendsetter« wahrgenommen. Andere Konsumenten möchten ebenfalls als »Trendsetter« wahrgenommen werden und sind gerne bereit, sich die gleiche Kleidung zu kaufen. Weiter spielt besonders für die 18- bis 24-Jährigen die neuste Mode und bestimmte Markennamen eine Rolle. Die immer neue modische Kleidung ist bei vielen Konsumenten mit Beliebtheit und Schönheitsidealen verknüpft. Jeder zweite deutsche Konsument legt Wert auf ein gutes Aussehen und möchte beim Einkaufen Spaß haben.

Soziale Schichten gehören ebenfalls zu den externen Einflüssen: Einkommen und gesellschaftliche Position verschaffen einigen Menschen mehr Macht, Reichtum und Möglichkeiten als anderen. Einige Verbraucher konsumieren deshalb demonstrativ ausgewählte Konsumgüter, die einen gewissen Status vermitteln. Durch Markennamen kann ein Kleidungsstück zum Statussymbol einer bestimmten Gruppe werden. Kleidung kann ein Gefühl von Zugehörigkeit sowie gleichermaßen Abgrenzung oder Individualität ausdrücken. Der Kultureinfluss wirkt sich wiederum unmittelbar auf die psychologischen Prozesse des Verbrauchers, also auf interne Prozesse, aus. Diese werden z. B. durch die Wahrnehmung, Motivation, Einstellung und das vorhandene Wissen sowie das Verbrauchergedächtnis beeinflusst. Die Entscheidungsfindung wird durch die fünf Phasen des internen Prozesses, bestehend aus der Informationssuche, Problemerkennung, Bewertung, Entscheidung und Verhalten nach dem Kauf, gelenkt. In diesem alltäglichen Entscheidungsprozess werden Vor- und Nachteile des jeweiligen Produktes gegeneinander abgewogen. Für die meisten Verbraucher ist schlussendlich der Preis das wichtigste Kaufkriterium.

Oleg Elkov / Alamy Stock Foto 2N0H5JA

Verkaufsschilder mit unterschiedlichen Rabatten in einem Bekleidungsgeschäft.

Bei den günstigen Preisen durchdenken die Konsumenten nicht, ob sie das Kleidungsstück »wirklich benötigen« und unter welchen Bedingungen es produziert worden ist. Denn in der Regel durchdenkt der Konsument erst bei teuren Produkten seine Kaufentscheidung umfassender.

Das Marketing eines Unternehmens hat ebenfalls Einfluss auf die Kaufentscheidung seiner Kunden. Mit den Faktoren wie der Produktauswahl, des Preises, der Distribution der Produkte und der Kommunikation werden die Verbraucher in ihren Entscheidungen gelenkt. Das heißt, dass ein Fast-Fashion-Unternehmen zum Beispiel durch eine ansprechende und sich verändernde Auswahl an Kleidung sowie einem günstigen Preis und der angemessenen Kommunikation durch soziale Netzwerke, Print- und Fernsehwerbung eine Konsumentengruppen erreichen kann. Die deutschen Konsumenten kaufen ihre Kleidung in Mode-Onlineshops oder in der örtlichen Einkaufsstraße. In der Einkaufsstraße sind hauptsächlich konventionell produzierende Modelabels präsent. Da die konventionellen Modelabels ein breites und stetig wechselndes Angebot an Mode und Modetrends abdecken, sind vielen Konsumenten keine Alternativen bekannt.

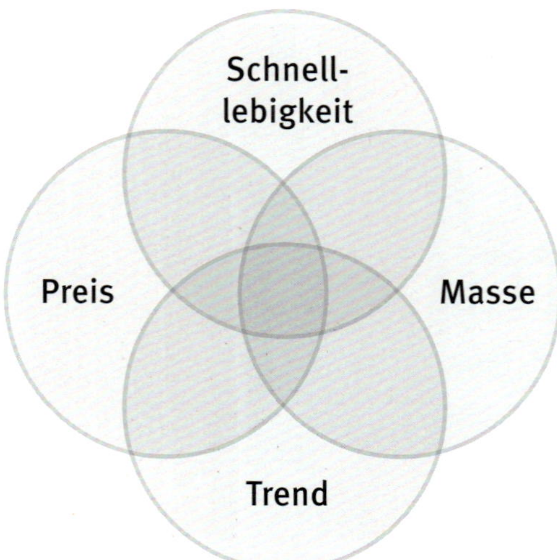

Abbildung 1: Faktoren der schnellen Mode.

Der Preis für die billige Kleidung

In der Kleidungsindustrie geht es neben der hohen Produktionsgeschwindigkeit vor allem um das hohe Verkaufsvolumen am Monatsende. Ab den 1980er-Jahren ist die Kleidungsproduktion im Zuge der Globalisierung weitgehend in Billiglohnländer ausgelagert worden, um möglichst günstig produzieren zu können. Arbeitsbedingungen sowie Umweltbelange waren von geringerer Bedeutung gewesen. Seit Ende der 1980er-Jahre werden vermehrt Untersuchungen zur Gesundheits- und Umweltverträglichkeit der Textilindustrie angefertigt. Zum ersten Mal werden die Unternehmen mit den Auswirkungen der chemieintensiven Veredlungsprozesse, welche zu starken Abwasserverunreinigungen sowie Schädigung von Flora und Fauna führen, konfrontiert. Durch Umweltkatastrophen in den 1980er-Jahren und den ersten Erkenntnissen über das Ozonloch und den Treibhauseffekt werden auch die Käufer über die Abwasserverunreinigungen und Verschmutzungen der Gewässer durch die Medien informiert. Eine wachsende Zahl von Konsumenten verspürt das Bedürfnis nach natürlichen Produkten. Während die konventionelle Textilbranche dem Wunsch der Verbraucher nach Natürlichkeit hauptsächlich durch das Design näherkommt, gründet sich auf der anderen Seite ein neuer, von Nachhaltigkeit geprägter Sektor – Slow Fashion. Dieser wird vor allem durch seinen ganzheitlichen Ansatz nach ökologischen Kriterien bestimmt.

Generell sortieren die deutschen Verbraucher spätestens nach 3 Jahren 50 Prozent ihrer Oberteile, Hosen und Schuhe aus. Knapp 34 Prozent der Konsumenten sortiert ihre Kleidung aus, weil sie nicht mehr ihrem Geschmack entspricht, Flecken hat oder leicht verschlissen ist. 40 Prozent sortieren

Wikipedia / Florian Decker

Sammeln von Kleidersäcken auf einem LKW.

aus, weil die Kleidung nicht mehr der Mode oder dem eigenen Stil entspricht. Die Kurzlebigkeit der Kleidungsstücke sowie ihrer Trends und der günstige Preis bestimmen den Markt und das Kaufverhalten. Vielen Konsumenten sind die direkten Auswirkungen ihres Kaufverhaltens auf die sozialen und ökologischen Ressourcen nicht bewusst, da diese von den Modefirmen nicht transparent gemacht werden.

Im Durchschnitt trägt der Konsument seine Kleidung nur noch halb so lange wie noch vor 25 Jahren: Ist ein Stück im Jahr 2000 noch 200-mal getragen worden, hat sich die Anzahl im Jahr 2015 auf 163 mit sinkender Tendenz reduziert. 19 Prozent der gekauften Kleidung wird nicht getragen, das entspricht in ganz Deutschland rund einer Milliarde Kleidungsstücke. Eine weitere Milliarde Kleidungsstücke werden seltener als alle 3 Monate getragen. In der Summe bleiben knapp 40 Prozent der Kleidung ungetragen. Das Ergebnis ist, dass eine Million Tonnen in Altkleidercontainer entsorgt werden, davon werden wiederum lediglich 25 Prozent der Kleidung recycelt.

Mamunur Rashid / Alamy Stock Foto HF5R3D

Textilfabrik in Ashulia in der Nähe von Dhaka, Bangladesch.

Den größten Profit machen die Modefirmen in den Entwicklungs- und Schwellenländer Asiens, Südamerikas, Afrikas und Osteuropas. Viele Modefirmen lassen sich in den sogenannten Freien Exportzonen (FEZ) nieder, da sie hier weniger Auflagen beachten müssen und damit auch die Rechte der Arbeiter und der Umweltschutz von geringer Bedeutung sind. In der konventionellen Bekleidungsherstellung werden 60 Millionen Textilarbeiter beschäftigt. 75 Prozent der Arbeiter sind Frauen. Sie werden in vielen Ländern bevorzugt eingestellt, da sie dort gesellschaftlich ein geringeres Ansehen als Männer haben und somit weniger Rechte. Die Wirtschaft in den Billiglohnländern wird durch die Einstellung vieler ungelernter Arbeitskräfte vorangetrieben. Das System der Fast-Fashion-Industrie basiert vor allem auf besonders billigen Arbeitskräften.

Meistens besitzen Modefirmen keine eigenen Fabriken, da sie mit Zulieferern arbeiten, die wiederum in Billiglohnländern produzieren lassen. Durch das sich bildende Netz an Unternehmen wird die Herstellungskette intransparent für den

Konsumenten und rechtlich schwerer greifbar bei Umwelt- oder Arbeitsrechtverstößen. Die Hauptprobleme in der Modebranche sind Verstöße bezüglich der Vereinigungsfreiheit, Rechte auf Kollektivverhandlungen, kurzfristiger und unangekündigter Betriebsschließungen, Niedriglöhnen sowie des Missbrauchs von Kurzzeitverträgen und anderen Beschäftigungsformen. Weiterhin sind Sicherheitsmängel beim Gebäudezustand, fehlender Brandschutz sowie Arbeitstage von bis zu 16 Stunden bei einer Sechs- bis Sieben-Tage-Woche und Schikanen des Aufsichtspersonals keine Seltenheit. Modefirmen haben lange durch die fehlenden Richtwerte für existenzsichernde Löhne diese nicht gezahlt. Mittlerweile gibt es aber verschiedene Berechnungsmethoden, die den Arbeitern einen existenzsichernden Lohn ermöglichen sollen. Die »Anker-Methode« erstellt Mindestlebensunterhaltskosten-Analysen für die jeweiligen Regionen. Der »Asia Floor Wage« (AFW) bezieht die Situation der Arbeiter und der Region mit ein. Laut AFW wird von einem existenzsichernden Lohn gesprochen, wenn ein Arbeiter in einer 48-Stunden-Woche mit seinem Netto-Grundlohn die Grundbedürfnisse seiner Familie (2 Erwachsene und 2 Kinder) decken kann und er zusätzlich über frei verwendbares Geld für unvorhersehbare Kosten und für die Altersvorsorge verfügt. Eine weitere Orientierung schaffen Lohnleitern: Sie fügen die Lebensunterhaltskosten, Existenzlohnberechnungen und Mindestlöhne zu einem Gesamtbild zusammen. So können der Mindestlohn und der Lohnrichtwert dem tatsächlich gezahlten Lohn gegenübergestellt werden.

Da die großen Modefirmen zwischen ihren Produktionsstandorten wechseln können, herrscht unter den Ländern ein starker Standortwettbewerb sowie in den Ländern selbst ein großer Wettbewerb um die Aufträge der internationalen Modefirmen. Sie halten die Arbeitslöhne trotz der Konvention der International Labour Organisation (ILO) möglichst gering, damit sie durch eine drohende Abwanderung der Firmen keine Arbeitsplätze verlieren. Die Regierungen stehen ebenfalls unter großem Druck, da die örtlichen Unternehmensverbände

Joerg Boethling / Alamy Stock Foto C20YR2

In Tiruppur, Indien arbeiten Frauen in einer Fairtrade-Textilfabrik, wo sie Kleidung für den Export produzieren.

im Falle höherer Löhne mit Fabrikschließungen und Arbeitsplatzverlusten drohen.

Produktionssteigerung mit steigenden sozialen und umweltbezogenen Problemen

Es ist eine enorme Produktionssteigerung bei Kleidung seit den letzten Jahrzehnten zu verzeichnen. Um diesen Stand halten zu können, müssen vermehrt Chemiefasern eingesetzt werden. Mittlerweile hat die Chemiefaser einen Marktanteil von 70 Prozent. Baumwolle hat hingegen nur noch einen Anteil von 29 Prozent und Wolle von einem Prozent. Laut Prognosen der Modeindustrie wird es einen anhaltenden weltweiten Anstieg des Textilkonsums auf 102 Millionen Tonnen geben und somit eine weitere Steigerung des Kunstfaseranteils um etwa 10 Prozent einhergehen. Der hohe Kunstfaseranteil in Kleidung hat zur Folge, dass immer mehr Mikroplastik durch den

Florian Boillot/Süddeutsche Zeitung Photo 03519435

Greenpeace Protest gegen Textilmüll aus der Fast Fashion, 2024

Waschvorgang der Kleidung in Gewässer gelangt. Es werden bereits jährlich 552.000 Tonnen Mikrofaser in die Gewässer gespült. Die Chemiefaser hat nicht nur Auswirkungen auf die Umwelt durch den Kleinstmüll.

Für die Chemiefaserproduktion im Jahr 2015 sind 98 Millionen Tonnen Erdöl nötig gewesen, das bedeutet umgerechnet, dass 0,8 Prozent des geförderten Erdöls für die Chemiefaser benötigt wird. Laut der »Ellen Macarthur Foundation« sollen bis zum Jahr 2050 300 Millionen Tonnen benötigt werden. Mit diesem Verbrauch an fossilen Rohstoffen ist die Fast-Fashion-Industrie zu einem Klimabeeinflusser geworden. Insgesamt bietet die Fast-Fashion-Industrie rund 14 Prozent der weltweiten Arbeitsplätze. Sie wird auf einen Gesamtwert von 1,3 Billionen Euro geschätzt und macht 7 Prozent der weltweiten Exporte aus. 2022 hat China Bekleidung im Wert von 8,5 Milliarden Euro, Bangladesch im Wert von 4,5 Milliarden Euro und die Türkei einen Wert von 3,5 Milliarden Euro nach Deutschland exportiert. Aus diesen Ländern importiert

Deutschland 90 Prozent der im Inland verkauften Kleidung. Durch den Export der Kleidung werden jährlich 1.458 Millionen Tonnen Treibhausgas-Emissionen ausgestoßen. Bis zum Jahr 2030 wird ein 60 Prozent höherer Emissionsausstoß im Vergleich zu 2011 prognostiziert. Ebenfalls wird der Erdölverbrauch von 2015 bis 2050 auf einen 3-fachen Anstieg geschätzt. Außerdem werden 85 Millionen Hektar Boden beansprucht und 92 Millionen Tonnen Abfall produziert. Von den 43 Millionen Tonnen Chemikalien, die im Herstellungsprozess der Kleidung verwendet werden, werden 23 Chemikalien als giftig für Lebewesen und Wasserökosysteme eingestuft. Des Weiteren verbraucht die Bekleidungsindustrie 10 Prozent der weltweit industriell genutzten Wasser, das entspricht 79 Millionen Kubikmeter Wasser jährlich.

Ein weiteres soziales Problem ist die Kinderarbeit in der konventionellen Modeindustrie. Fast jedes zehnte Kind arbeitet, davon ist knapp die Hälfte unter 12 Jahre alt. Laut der ILO

Joerg Boethling / Alamy Stock Foto C5033R

In Dhaka, Bangladesch werden in einer Textilfabrik Jeans für den Export in westliche Discounter hergestellt.

arbeiten rund 152 Millionen Kinder unter Bedingungen, die sie ihrer elementaren Rechte und Chancen berauben. Davon leiden 73 Millionen Kinder unter ihren Arbeitsbedingungen, weil diese gefährlich und ausbeuterisch sind. Hierzu zählen u. a. das Arbeiten als Textilarbeiter in Bangladesch oder auf Farmen in Lateinamerika. Die Hauptursache für Kinderarbeit ist Armut als alleiniger Faktor oder Armut in Kombination mit anderen Faktoren wie Naturkatastrophen, Wetterextreme, Tod oder Trennung eines Familienmitglieds oder politische Konflikte.

Slow Fashion – ein modischer Wandel

Trotz des allgemeinen Wunsches nach mehr Nachhaltigkeit in der Bekleidungsindustrie, mussten viele Hersteller 1996 ihre ökologische Bekleidung wieder aus dem Sortiment nehmen. Die Kleidung wurde häufig nur in naturfarben und beige hergestellt, Farben, die auf eine mangelnde Nachfrage stießen. Die ökologische Färbung war vor rund 30 Jahren noch wesentlich aufwendiger und die technischen Möglichkeiten noch nicht genauso umfassend wie bei der chemischen Färbung möglich. Seit 2005 wächst der Markt und die Mode ist nun wesentlich modischer. Die Designer bedenken bereits bei ihren

Jani-Markus Häsä / Alamy Stock Foto 2BDJR22

Schaufenster eines Second-Hand-Ladens in Helsinki, Finnland.

Florian Peljak/picture alliance/SZ Photo/ 80998872

Veganer Modeladen in München, 2016.

Modeentwürfen die Verwendung von nachhaltigen Fasern. Einige Produzenten produzieren lokal und immer mehr Konsumenten bemühen sich um weniger Konsum, nachhaltige Alternativen und sind bereit, für faire Arbeitsbedingungen entsprechend höhere Preise für Kleidung zu zahlen. Ein Kreislauf beginnt sich zu schließen.

Slow Fashion steht für nachhaltige und bewusste Mode. Sie beschreibt den Wandel zu mehr Verantwortung und Respekt für Mensch und Umwelt und ein verändertes Bewusstsein gegenüber dem Produkt, dessen Ursprung sowie dem eigenen Konsumverhalten. Slow Fashion bedeutet Entschleunigung: für die umweltschonende Herstellung und Auswahl der Rohstoffe; für die nachhaltige Produktion und die hochwertige Verarbeitung; für den fairen Handel; für den Gebrauch und die Haltbarkeit von Kleidung. Zur Slow Fashion zählt nicht nur aus biologischen und recycelten Materialien hergestellte

Mode, sondern auch gebrauchte Kleidung. Angelehnt an andere »Langsam«-Bewegungen wie Slow Food besitzen die Produkte oftmals eine regionale Herkunft mit kurzer Produktionskette. Die einzelnen Schritte von der Faser bis zur Verarbeitung sind transparent. Dabei wird auf Chemie möglichst verzichtet und auf die Entwicklung neuer nachhaltiger Materialien und zukunftsfähiger ressourcenschonender Technologien gesetzt. Nachhaltige Mode ist durch ausgewiesene Textilsiegel zertifiziert.

Besonders in den letzten 15 Jahren hat die nachhaltige Mode an Bedeutung gewonnen. Dies ist auch in den Jahresumsatzzahlen von »Statistica« deutlich zu sehen. Während 2011 die Fairtrade-Textilen noch 16,7 Millionen Euro Umsatz gemacht haben, sind es im Jahr 2022 bereits 300 Millionen Euro. Insgesamt entwickelt sich die nachhaltige Modeindustrie zurzeit besser als die konventionelle. Biosiegel haben mittlerweile einen Einzug in alle Konsumbereiche wie auch in die Textilbranche gefunden. Das Bewusstsein für fair produzierte Waren sowie das Interesse an Messen zum Thema Fair Fashion

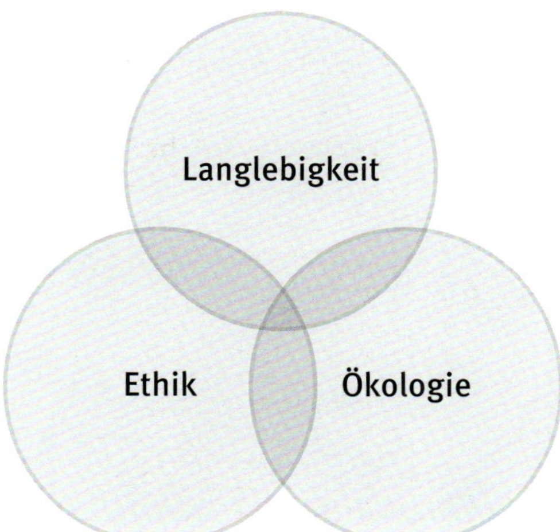

Abbildung 2: Faktoren der nachhaltigen Mode (eigene Darstellung nach VisualRitailing 2019).

und Slow Fashion steigt. Außerdem wünschen sich 47 Prozent der Deutschen mehr nachhaltig und sozialverträglich produzierte Waren im Bereich der Textil- und Modeindustrie. In einer Umfrage der Fachzeitschrift »TextilWirtschaft« (1993) geben 60 Prozent der Befragten an, dass sie gerne ökologische Bekleidung kaufen würden. Allerdings kauften nur 5 Prozent der Befragten diese auch letztendlich ein.

Seit den ersten Untersuchungen zur Gesundheits- und Umweltverträglichkeit von Textilien in den 1980er-Jahre sind bereits viele Chemikalien reduziert oder verboten worden. Kampagnen der NRO (Nichtregierungsorganisation), wie zum Beispiel die Detox-Kampagne von Greenpeace, zeigen bereits die deutliche Reduzierung von Chemikalien in der Kleidung. Aber auch Gesetze wie die EUÖko-Verordnung, das EU-Chemikaliengesetz »REACH« und das Abkommen »Accord« sind erlassen worden. Die Medien greifen häufiger Katastrophen

SK Hasan Ali / Alamy Stock Foto M0C57X

Am 24. April 2013 stürzte ein achtstöckiges Gebäude in Savar ein und tötete mehr als 1100 Menschen.

wie das »Rana Plaza Unglück« auf. Damit steigt der Druck auf Textilunternehmen. Das »Rana Plaza Unglück« ereignete sich 2013 als in Dhaka, Bangladesch ein achtstöckiges Gebäude, das mehrere Bekleidungsfabriken beherbergte, einstürzte. Über 1.100 Menschen starben an den Folgen der gravierenden Sicherheitsmängel. Dies führte zu weltweiten Protesten sowie einem verstärkten Fokus auf Arbeitsbedingungen und Menschenrechte in der Modebranche.

Die Deutschen und Nachhaltigkeit – über Konsum, Transparenz und ein Lebensgefühl

Während sich der Fast-Fashion-Konsument beispielsweise mit Modebloggern und anderen Fashionikonen identifiziert, fühlt sich der Slow-Fashion-Konsument beispielsweise eher von Prominenten wie Leonardo DiCaprio und Emma Watson, welche sich für nachhaltig produzierte Mode und faire Arbeitsbedingungen einsetzen, inspiriert. Die Idole, welche hier als Beispiel einer Bezugsgruppe stehen, haben Einfluss auf die psychologischen Prozesse des Verbrauchers, also auf die Wahrnehmung, Motivation, Einstellung und das vorhandene Wissen. Durch das Tragen von nachhaltigen und zukunftsweisenden Materialien wie Hanf, Bambus und Fleece aus recycelten PET-Flaschen kann der Konsumierende zusätzlich als besonders innovativ u. a. innerhalb seiner Bezugsgruppe gelten.

80 Prozent der 15- bis 24-Jährigen haben eine positive Einstellung gegenüber dem Thema Nachhaltigkeit. Vier von fünf Jugendlichen haben bereits vom umwelt- und gesundheitsschädlichen Chemikalieneinsatz in Textilien gehört. Generell informieren sich die Jugendlichen aber auf den Onlineseiten der konventionellen Modefirmen und Dienstleistern, wie z. B. Zalando oder Amazon, über die neusten Trends. Denn allein durch die vorhandene Einstellung des Konsumenten kann das Kaufverhalten nicht vorhergesagt werden. Eine positive Einstellung gegenüber fairer und ökologischer Jeansprodukte führt nicht automatisch zu einem Kauf eines dieser

ZUMA Press, Inc. / Alamy Stock Foto 2H8F75M

Westbengalen, Indien, 28. November 2021. Das Recycling von Altgewebe ist der Prozess, bei dem Textilien zur Wiederverwendung, hauptsächlich zur Herstellung von Fäden, zurückgewonnen werden.

Kleidungsstücke. Dennoch spielt sie eine entscheidende Rolle bei der Kaufentscheidung. Weiter kann sich die Einstellung und Beurteilung zu nachhaltigen Kleidungsstücken im Laufe der Zeit verändern, wenn die Konsumenten neue Informationen erreichen. Im Allgemeinen ist das Verbraucherbewusstsein für nachhaltige Produkte gestiegen und eine Anpassung an einen auch nach außen getragenem nachhaltigem Lebensstil wird immer bedeutsamer.

Die Auswirkungen von Umweltproblemen haben die Einstellung und das Verhalten der Konsumenten verändert. Nachhaltigkeit prägt den Alltag vieler Konsumenten. Bereits 35 Prozent der Deutschen kaufen nachhaltige Mode. Das zeigt sich in der »Verbraucher Analyse« (VA) von »Statistica« (2022). Hier geben 65 Prozent der Befragten an, dass sie fair gehandelte Produkte aus einem Verantwortungsgefühl heraus kaufen. 49 Prozent kaufen nachhaltig ein aus Angst vor Umweltschäden und dem Gefühl einer guten Tat. 38 Prozent geben an, dass sie im Sinne der kommenden Generation handeln wollen. 22 Prozent wollen eine Vorbildfunktion erfüllen. Auch der geringere Chemieeinsatz bei der Herstellung ist ein bereits kurzfristig eintretender Vorteil. Damit sind dann langfristig auch verbesserte Gesundheits- und Umweltbedingungen vor Ort und auch im globalen Norden bemerkbar. Gesundheit hat für die meisten Deutschen einen hohen Stellenwert und spielt eine immer größere Rolle. Laut der Umfrage von »YouGov« (2019) ist den Konsumenten eine tierleidfreie Produktion, ein geringer Chemieeinsatz sowie die Verwendung von nachhaltigem Material besonders wichtig. Dabei unterscheiden sich die verschiedenen Altersklassen nur geringfügig in ihren Antworten. Auch die Hersteller im Fast-Fashion-Sektor haben diese Entwicklung bemerkt und stellen zumindest in Teilen ihre Produktion auf nachhaltige und sozialfaire Alternativen um. Die Zeitschrift

snapshot-photography/M.Czapski/Süddeutsche Zeitung Photo 02531301

Demonstranten fordern anlässlich der Berliner Fashion Week einheitliche Sozialstandards, faire Löhne, ökologische Herstellungs- und Verarbeitungsmethoden und ein einheitliches Labelsystem für die Modebranche, 2018.

Oreolife / Alamy Stock Foto 2J15M2J

T-Shirt mit nachhaltigem Modelabel.

»ÖkoTest« hat 2019 z. B. in über der Hälfte von 21 getesteten Jeans schädliche Farbstoffrückstände gefunden. Die mediale und politische Aufmerksamkeit hat eine öffentlichkeitswirksame Überzeugungskraft, welche die Konsumenten kritischer werden lässt und die Modefirmen zum Handeln animiert. Der Eigenname der Modefirmen genügt nicht mehr als Vertrauensgarant. Besonders nachhaltige Marken setzen immer mehr auf Transparenz in ihrer Herstellungskette, welche vermehrt durch Siegel zertifiziert werden. Eine weitere Methode, den Konsumenten Einblicke in den Produktionsverlauf zu ermöglichen und ihnen ihre Produkte nahbarer und transparenter darzustellen, ist das »Storytelling«. Immer mehr Konsumenten greifen zu Kleidung aus einer lokalen Wertschöpfungskette, weil sie transparenter ist und den regionalen Markt stärkt. Die Herkunft eines Kleidungsstückes wird zum Qualitätsmerkmal.

50 Prozent der Deutschen finden Siegel zur Erkennung von nachhaltig, umweltverträglich und fair hergestellter Kleidung sehr hilfreich. Allerdings sind diese Aspekte nur bei jedem Vierten ein Kaufkriterium. Die Anpreisung der Textilien erklärt die deutliche Diskrepanz im Kaufverhalten der Konsumenten. Die Ware ist uneinheitlich deklariert. Die Konsumenten fühlen sich überfordert mit der Vielzahl an Labeln und wissen nicht, welche Ziele und welcher Nutzen vorliegen.

Der Konsument kann auf sein sogenanntes Verbrauchergedächtnis zurückgreifen, welches gefüllt ist mit Informationen über verschiedene Kleidungsstücke sowie Erfahrungen, die er beim Kauf oder dem Tragen der Kleidung gemacht hat. Während ein Konsument des Fast-Fashion-Sektors auf Erfahrungswerte wie den niedrigen Preis, die Kurzlebigkeit seiner Kleidung sowie die schnell wechselnden Kollektionen zurückgreifen kann, kann ein Slow Fashion Konsument vor allem auf Erfahrungswerte wie die hohe Qualität, Langlebigkeit sowie hohen sozialen und ökologischen Standards des Kleidungsstückes zurückgreifen.

Steven Frame / Alamy Stock Foto C94ENN

Auch die Baumwollproduktion wird durch Siegel zertifiziert.

Der Beginn eines industriellen und somit gesellschaftlichen Umdenkens

Inzwischen gibt es rund 120 verschiedene Siegel, die Rückschlüsse auf die sozialen und ökologischen Bedingungen in der Herstellung sowie dem Endprodukt zulassen. Die Siegel setzen an unterschiedlichen Produktionsschritten an. Während einige Siegel, wie z. B. »Naturtextil IVN zertifiziert BEST«, »GOTS« oder »Made in Green« die gesamte Produktionskette zertifizieren, berücksichtigt das Siegel »Fairtrade Cotton« nur die Rohfaserherstellung und das Siegel »FWF« ausschließlich die Verarbeitung. Während das Siegel »Oeko- Tex 100« lediglich die Überschreitung von Schadstoffgrenzwerten im Endprodukt nachweist, stellt die »Better Cotton Initiative« (BCI) als größtes Bauwoll-Nachhaltigkeitsprogramm eine Verbesserung der konventionellen Baumwollproduktion in Bezug auf die für die Menschen, die Baumwolle produzieren, für die Natur, in der Baumwolle angebaut wird, und für eine nachhaltige Zukunft des Sektors dar, bei der genmanipuliertes Saatgut weiterhin erlaubt ist. (siehe Tabelle 1 S. 30)

Naturtextil IVN zertifiziert BEST	IVN ZERTIFIZIERT BEST NATURTEXTIL
GOTS	GLOBAL ORGANIC TEXTILE STANDARD · GOTS ·
Made in Green	OEKO-TEX® CONFIDENCE IN TEXTILES MADE IN GREEN
Fairtraide Baumwoll-Program	FAIRTRADE COTTON PROGRAM™
OEKO-TEX Standard 100	OEKO-TEX® CONFIDENCE IN TEXTILES STANDARD 100
Better Cotton Initiative (BCI)	BCI Better Cotton Initiative

Tabelle 1: Die am häufigsten genutzten Siegel für nachhaltige Kleidung im Überblick

Quellen

Literatur

Evangelische Kirche in Deutschland (Ekd) (2018): Mode um jeden Preis? Menschenrechte in der Textilbranche. Hannover.

gotPublic Eye, Clean Clothes Campaign Österreich, Saubere Kleidung Kampagne Deutschland (2019): Existenzlöhne in der globalen Modebranche. Firmencheck 2019. Zürich.

Greenpeace (2017): Mikrofasern. Gefahr aus dem Kleiderschrank. Hamburg.

Greenpeace (2018): Textil- Siegel im Greenpeace- Check. 5. Auflage. Hamburg

Holdighausen, H. (2015). Dreimal anziehen, weg damit. Was ist der wirkliche Preis für T-Shirts, Jeans und Co? Westend Verlag GmbH. Frankfurt/Main.

Noel, H. (2010): Marketing Basics. Konsumverhalten. Stiebner Verlag GmbH. München.

Rohlfing, M. (2010): Ökologische Bekleidung. Eine Multiagentensimulation der zukünftigen Marktentwicklung. 1. Auflage. Gabler Verlag. Münster.

Schmidt, S. M., von Wedel-Parlow, F. (2019): Fast Fashion. Teil 3: Die Folgen in Zahlen. CIR (Hersg.) Münster.

Somarathna, R. A. und Hemachandra, L. (2019): Fast Fashion. Teil 2: Einkaufspraktiken. CIR (Hrsg.). Münster.

Südwind Agentur (Hrsg., 2012): Wearfair. Ethical Fashion Guide. Ein Leitfaden für UnternehmerInnen, und alle die es noch werden wollen. 1. Auflage. Wien/Linz.

Internetquellen

Jakob, S. (2018): Utopia. Slow Fashion: Ein Konzept für bessere Mode. Online im Internet. URL: *https://utopia.de/ratgeber/slow-fashion-ein-konzept-fuer-bessere-mode/* (Stand: 06.03.2025)

Lillika Eden GmbH (2016): Nachhaltige Textilbranche in Deutschland – 5 Fakten. Online im Internet. URL: *https://www.startupbrett.de/nachhaltige-textilbranche-in-deutschland-5-fakten/* (Stand: 06.03.2025)

Oldenburg, S. (2015): Mode. Wir sind, was wir kaufen. Online im Internet. URL: *http://www.fastfashion-dieausstellung.de/de/konsum* (Stand: 06.03.2025)

Reichert, I. (2023): Fast Fashion. So macht unsere Kleidung die Umwelt kaputt. Online im Internet. URL: https://www.quarks.de/umwelt/kleidung-so-macht-sie-unsere-umwelt-kaputt/ (Stand: 06.03.2025)

Saubere Kleidung (2019): Clean Clothes Campaign. Sozialaudits- wie sie Unternehmen schützen und Arbeiter*innen im Stich lassen. Online im Internet. URL: *https://saubere-kleidung.de/wp-content/uploads/2019/11/Factsheet_Sozialaudits_November-2019_CCC-DE.pdf* (Stand: 07.03.2025)

Umweltbundesamt (2019): Textilindusrie. Online im Internet. URL: *https://www.umweltbundesamt.de/themen/wirtschaft-konsum/industriebranchen/textilindustrie#die-textilindustrie-in-deutschland* (Stand: 05.01.2025)

UNICEF (2020): Indien: Bildung und Schutz für Kinder. Mädchen und Jungen, die hart arbeiten mussten, gehen jetzt zur Schule. Online im Internet. URL: *https://www.unicef.de/informieren/projekte/asien-4300/indien-3596/kinderarbeit/13084* (Stand: 05.01.2025)

UNICEF (2024): Kinderarbeit: Die wichtigsten Fragen & Antworten. Online im Internet. URL: *https://www.unicef.de/informieren/aktuelles/blog/-/kinderarbeit-fragen-und-antworten/275272* (Stand: 05.01.2025)

Wolf, M. B. (2016): Slow Fashion. Online im Internet. URL: *http://slowfashionblog.de/slow-fashion/* (Stand: 05.01.2025)